紫禁之光

从黄昏到黎明

李少白 —— 著

中国财经出版传媒集团
中国财政经济出版社
·北京·

图书在版编目（CIP）数据

紫禁之光：从黄昏到黎明 / 李少白著 . -- 北京：中国财政经济出版社, 2025.3. -- （"李少白拍故宫40年"系列丛书）. -- ISBN 978-7-5223-3669-5

Ⅰ. K928.74-64

中国国家版本馆 CIP 数据核字第 2025YW4661 号

责任编辑：罗亚洪　　　　　　　责任校对：胡永立
策划编辑：王晓虹　潘　飞　　　责任印制：史大鹏

紫禁之光：从黄昏到黎明
ZIJIN ZHI GUANG：CONG HUANGHUN DAO LIMING

中国财政经济出版社 出版

URL：http：//www.cfeph.cn
E-mail：cfeph@cfemg.cn

（版权所有　翻印必究）

社址：北京市海淀区阜成路甲 28 号　邮政编码：100142
营销中心电话：010-88191522
天猫网店：中国财政经济出版社旗舰店
网址：https：//zgczjjcbs.tmall.com
北京雅昌艺术印刷有限公司印刷　各地新华书店经销
成品尺寸：190mm×260mm　16 开　14.5 印张　50 000 字
2025 年 3 月第 1 版　2025 年 3 月北京第 1 次印刷
定价：170.00 元
ISBN 978-7-5223-3669-5
（图书出现印装问题，本社负责调换，电话：010-88190548）
本社图书质量投诉电话：010-88190744
打击盗版举报热线：010-88191661　QQ：2242791300

推荐序

之前我与李少白先生并不认识，但他在摄影界的大名，我一直都知道，尤其是他拍摄故宫的名气就更大了。当中国财政经济出版社邀请我为李少白先生的新书《紫禁之光：从黄昏到黎明》撰写序言时，我欣然同意，这不仅是因为我对李先生的敬仰，更是因为此书主题——故宫的黄昏到黎明，与我心中对这座古老宫殿的情感不谋而合。

故宫，这座承载着厚重历史的宫殿，在黄昏到黎明这个时间段中展现出别样的韵味。黄昏时分，夕阳的余晖洒在红墙黄瓦上，给这座宫殿披上了一层金色的外衣，仿佛回到了那个皇权至上的时代。而到了黎明时分，当第一缕阳光穿透薄雾，照亮故宫的每一个角落，它又焕发出勃勃生机，预示着新的一天的开始。

李少白先生以他独特的视角和精湛的摄影技艺，捕捉了故宫从黄昏到黎明这个特殊时间段的迷人景色。他的镜头下，故宫不再是冰冷的建筑，而是充满了生命力和情感的存在。每一幅作品都仿佛在诉说着一个关于时间、历史和文化的故事，让读者在欣赏美景的同时，也能感受到故宫深厚的文化底蕴。作为故宫博物院原院长，我深知故宫文化的珍贵与重要。因此，我衷心希望这本书能够成为中华文化的传播使者，将故宫的黄昏到黎明之美展现给世界各地的观众。

四十多年来，李少白先生始终将镜头对准故宫，而我，先任故宫博物院院长，后任学术委员会主任，在故宫也度过了十二年的生涯。尽管我们未曾谋面，但共同致力于文化遗产保护与传承的信念，使我们成了未曾见面的老朋友。更值得一提的是，20世纪80年代，李少白先生前往故宫摄影时，常随身携带笤帚，主动清扫所见的垃圾，这份环保意识与我内心的追求不谋而合。总而言之，我和李少白先生是同路人。

尤其是看过这套丛书的第一本《故宫新影：被镜头定格的历史风华》，规格和厚度便于阅读和传播，它不仅展现了故宫建筑群的唯美与壮丽，还通过李少白先生的心得感悟，传达了深厚的文化底蕴和审美情趣，让更多人通过他的照片增加对故宫的了解、喜爱和研究。

"北京中轴线——中国理想都城秩序的杰作"已经被列入《世界遗产名录》。让中轴线亮起来，也是我在故宫工作期间做的一项重要工作。每当夜幕低垂，北京的中轴线犹如一条璀璨的光带，焕发出迷人的光彩，李少白先生用他的镜头艺术性再现了故宫博物院这颗最耀眼的"明珠"……也成为这条线上最辉煌的历史见证者、连接着过去与未来的桥梁。

我在担任故宫博物院院长期间，就一直致力于推动故宫的开放与保护，将许多原本不向公众开放的区域逐渐开放，这包括为李少白先生在内的众多摄影师、学者和游客提供了更加全面、深入地了解和欣赏故宫的机会，方便他们近距离感受到中华文明的深厚底蕴。

我在任期间，接待过众多外国首脑和国际友人参观故宫。但由于时间限制，他们的游览往往只能浮光掠影、走马观花，难以全面深入地了解故宫的丰富文化和历史内涵。因为地理空间的距离，参观时的所获所得会随着时间的推移而变淡。所以，我非常希望《故宫新影》《紫禁之光》走出国门，成为对外宣传的一个"窗口"，让全世界的人们也和我们一样，爱上故宫，爱上中国建筑，爱上中国文化。

而这两本画册以精美的图片，展现了故宫的各个角落和细节，让观者仿佛能身临其境，时刻感受到故宫的壮丽与辉煌。如果能够通过赠送这些画册给这些国际友人，无疑将极大地促进故宫文化的传播。

总之，希望故宫，这座承载着深厚文化底蕴的世界文化遗产，通过一带一路的桥梁，通过"李少白拍故宫40年"系列丛书这样的媒介，将中华文明的瑰宝传播至全球。

中国文物学会会长、故宫博物院原院长

目录

1/ 推荐序
1/ 自序

第一部分 黄昏

10/ 少白说·怎样把故宫拍活
20/ 少白说·如何拍出故宫抽象的美
26/ 少白说·如何表现艺术的故宫
34/ 少白说·如何表现故宫的真实性

第二部分 日落

52/ 少白说·倩影引我入深宫
58/ 少白说·我爱上了故宫
64/ 少白说·我穿行宫门达数千次之多

第三部分 夜晚

94/ 少白说·能有多少人在紫禁城中赏月
100/ 少白说·我在风花雪月中寻找诗意
116/ 少白说·真正的艺术摄影是美的至高境界

第四部分　黎明

124/　少白说·怎么拍出"不一样的故宫"

130/　少白说·故宫墙边的柳树婀娜多姿

136/　少白说·风光摄影的魅力和价值

142/　少白说·摄影是对快乐的一种追求

第五部分　日出

166/　少白说·故宫里的古树"十八槐"

174/　少白说·谁人不醉紫禁城中的雪

184/　少白说·万岁宫中的野草最有生命力

194/　少白说·紫禁城内百年守望的脊兽有序而神秘

210/　后记　最美的，都在"看不见"的地方

212/　附录1　激情燃岁月——李少白的艺术之旅／王晓虹

216/　附录2　出新意于宫墙之中　寄妙理于画面之外／龙熹祖

220/　附录3　故宫博物院3位院长对李少白拍摄故宫的评价

自序

我拍摄紫禁城四十年,从黄昏到黎明,足以见证紫禁城的无数变迁,也用镜头捕捉到无数个动人的瞬间。我每一次按下快门,都是对紫禁城的一次深情凝视,都是对历史的一次深刻感悟。从黄昏的温柔到黎明的希望,每一个时间段都有它独特的魅力,记录着紫禁城的岁月流转和时光印记。

当我站在紫禁城的红墙下,回望这四十年的摄影之路,心中满是感慨与不舍。这本画册,是我对紫禁城无尽热爱的见证,也是我对摄影艺术不懈追求的结晶。

四十年前,我初次踏入紫禁城,那一刻,我仿佛穿越了时空,回到了那个皇权至上的年代。我被这里的宏伟建筑、精美雕饰和深厚文化底蕴深深震撼。从那一刻起,我决定用镜头记录下这座宫殿的每一个瞬间,让它的美、它的历史,能够穿越时空,被更多的人所看见、所感知。

四十年间,我无数次穿梭于紫禁城的每一个角落,从晨曦初露到夜幕降临,从春暖花开到冬雪皑皑。我用镜头捕捉了紫禁城在四季更迭、晨昏交替中的千变万化。每一张照片,都承载着我对紫禁城的独特情感和深刻理解。

从这本画册可以看到紫禁城从黄昏到黎明的绝美变化。黄昏时分，夕阳如血，洒在紫禁城的琉璃瓦上，金色的光辉与古老的红色宫墙交织成一幅壮丽的画卷。那一刻，紫禁城仿佛被赋予了生命，它诉说着千年的沧桑与辉煌。随着夜幕降临，紫禁城逐渐沉入一片宁静之中。月光如水，轻轻洒在宫殿的每一个角落，为这座古老的宫殿披上了一层神秘的面纱。夜风拂过，宫灯摇曳，仿佛能听见历史的低吟浅唱。黎明破晓，当第一缕阳光穿透云层，照亮紫禁城的每一个角落时，我们仿佛看到了新生的希望。在这一刻，紫禁城不再是历史的遗迹，而是活生生的存在，令无数人留连牵记。

　　从黄昏到黎明，紫禁城经历了从沉寂到苏醒的奇妙变化。在拍摄过程中，我一次又一次地领会了夕阳无限好只是近黄昏的伤感……又一次次地目睹了红日是如何依依不舍和宫殿告别的，领会了"梦"是如何一点点开始，又悄悄迎来了黑夜，逐步领略了黑色的神秘和美艳……比更多的人理解了"黑"

并不是拒绝了光，而是以另一种不可解释的方式拥抱了光，并且最终还要再次迎接朝阳的到来，让红与黑的结合，成为更美妙的一天的开始。

这四十年里，我经历了摄影技术的日新月异。从胶片到数码，从黑白到彩色，每一次技术的革新都让我更加深入地挖掘和呈现紫禁城的魅力。我深知，摄影不仅仅是记录，更是创造。我试图通过我的镜头，将紫禁城的历史、文化和情感凝聚成一幅幅生动的画面，让观者能够感受到那份跨越时空的震撼与美丽。

四十年光影，记录了紫禁城黄昏、黑夜、黎明与白昼的交替。这是我对摄影的执着追求，也是对紫禁城的无尽热爱。这本画册不仅是一场视觉的盛宴，更是一次穿越时空的心灵对话，愿每一位翻开它的人，都能在这方寸之间，找到属于自己的那份宁静与深远，愿这本画册能够成为连接过去与未来的桥梁，让紫禁城的美，永远镌刻在人们心中。

第一部分

黄昏

紫禁之光
从黄昏到黎明

第一部分　黄昏

少白说·怎样把故宫拍活

拍活故宫,就是拍活自己。很多人拍故宫,是为了到此一游,千篇一律,或者想方设法把各种建筑拍得非常雄伟,把器物拍得精巧,或者死板教条地套用一些光线和构图原理,而不是发自内心去寻找那份心灵感触。

拍摄故宫时,我对那里的一草一木、一砖一瓦都非常感兴趣。我可以待在故宫里面半天时间,什么也不拍,只为找到感觉。我或者到处走走看看,或者静坐冥思,当故宫和我能够心心相印时,灵感自然而然就会产生。听起来有点玄,却是我的切身体验。

走进故宫,就像邂逅一场爱恋。情人眼里出西施,因为有情,因为有爱,就能看到别人看不到的景致,感受到别人感受不到的美态。你可以通过某个特定的光影、某些独特的视角来表现故宫,也可以从更加多样化的角度去审视故宫。可能前面有个人经过,遮挡了一下景物,就形成了一个不经意的影子组合,产生新的构图、新的意境,这些都可能在拍摄故宫中发生。

首先,拍活故宫必须要多去。我去故宫的次数少说也有几百次。每次我进入故宫,都会担心今天会不会白跑一趟。可是,时至今日,我还从来没有白去过一次。因为拍着拍着,我就有了新的发现;拍着拍着,我就有新的感觉;没有白来!如果一个人这一辈子就去过故宫五次,他能把故宫拍好、拍活吗?量变才能质变!

其次，拍活故宫，要学会从各个角度去审视，用不同的方法来表现。其实故宫就像是一个万花筒，每转一次，都会有不同的景观体验。同理，对同样的故宫，不同的摄影人可以拍出不同鲜活的影像。

紫禁之光
从黄昏到黎明

第一部分　黄昏

少白说·如何拍出故宫抽象的美

抽象不属于实象，是把眼前所见事物的轮廓、明暗、虚实提炼出来，变成画面中主要表现的东西，这样就能产生一种抽象美。齐白石认为，"画"要追求的境界：是似与不似之间最好。他画的白菜，寥寥几笔，就勾勒出白菜的厚重与质感。虽然画里的白菜仅由简单的线条组成，但它有一个大概形状，让你能联想到这是棵白菜，齐白石拿捏的抽象尺度恰到好处。

拍摄故宫也是一样的道理，抽象要有一个合理的度。单用一块色彩、一个影子、一个线条表现，就是抽象过了头，故宫就没了，会让人看不出是故宫。摄影人如果只是完全把看到的景物照搬下来，没有提炼，一模一样也不好，不能表现出故宫的神韵。

故宫中有大量可以提炼的抽象事物，关键在于怎么挖掘。我的作品中有很多抽象元素，比如角楼作品，它既有角楼的形状，又有柳枝的抽象线条。画面中的柳枝与角楼有机结合，形成框与线巧妙的搭配，较好地表现出故宫角楼的风韵。

另外，在拍摄时，我们也要善于灵活把握，不要仅靠等，不要仅靠发现，还要巧妙地创造抽象拍摄的机会。有一次，我在回廊里拍摄，施工的工人师傅正在干活，我上前和他们闲聊了半天，非常投机。其中一个师傅问我，要不要给地面泼桶水，我说当然好啊，他们哗地一桶水泼下，地面立刻变成了一面凹凸不平的"镜子"，把周围栏杆、墙、回廊的色彩搅乱，又组合在一起，形成了一种若有若无、似是而非的图像，使人看起来更有味道、更有想象空间。

因此，在拍摄故宫的抽象画面中，抽象可以是形象，也可以是色彩，也可以是多种元素的组合。与具象摄影相比，抽象表现的难度更大，需要高度的概括能力和摄影技术的表现能力。

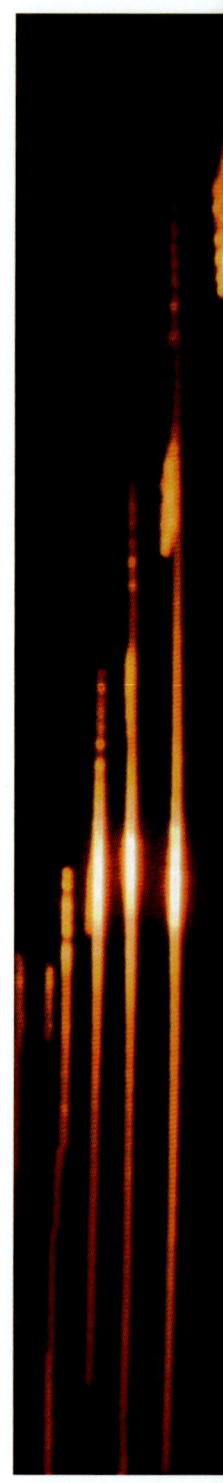

紫禁之光
从黄昏到黎明

第一部分　黄昏

少白说·如何表现艺术的故宫

游客按动快门，把影像记录下来，这是最朴素的拍摄方式。而比较专业的摄影人，拍摄的故宫图片多是介绍性的，可作为故宫的研究资料。还有一部分人，靠修图把故宫拍得美轮美奂。我认为这三种拍摄方式离艺术创作都有一定距离。

艺术最重要的特点是什么呢？我认为艺术无外乎两点：第一，创造性，就是在此之前没有人这样做过；第二，审美性，不管是当代的、现代的艺术，都离不开审美的要求。在拍摄故宫时，我尽可能地按照这两点来拍。

首先，我所拍摄的故宫影像，尽量做到前所未见；我并不是把故宫推倒，重新盖一个故宫；而是以故宫原型为基础，利用摄影手段，重塑一个故宫形象，即李少白眼中的故宫形象。其次，就是让我的图片具有强烈的视觉美感，要能唤醒人们对美的感觉。

有一个哲学家曾经说过一段话，大意是：诗人在他经过的地方，留下的应该是线索，而不是证据；只有线索，才能使人浮想联翩。作为拍摄者，我尽可能艺术性地呈现故宫，让它具有诗意美；像哲学家说的那样，留给观众的是线索而不是证据。人们通过我拍的故宫照片，重新认识故宫、了解故宫；通过我的影像视觉效果，生发对故宫的崇敬、畏惧、神秘等感觉。

我曾经拍摄过一张太和殿的作品，当你看到照片时，可能会感到一种威严甚至恐惧；画面中局部亮，大面积暗黑，这并不是大殿本身的效果，而是我利用摄影的曝光技术，有意识地控制光比形成的。我拍摄故宫的时候，非常强调这种创造性的用光和构思。

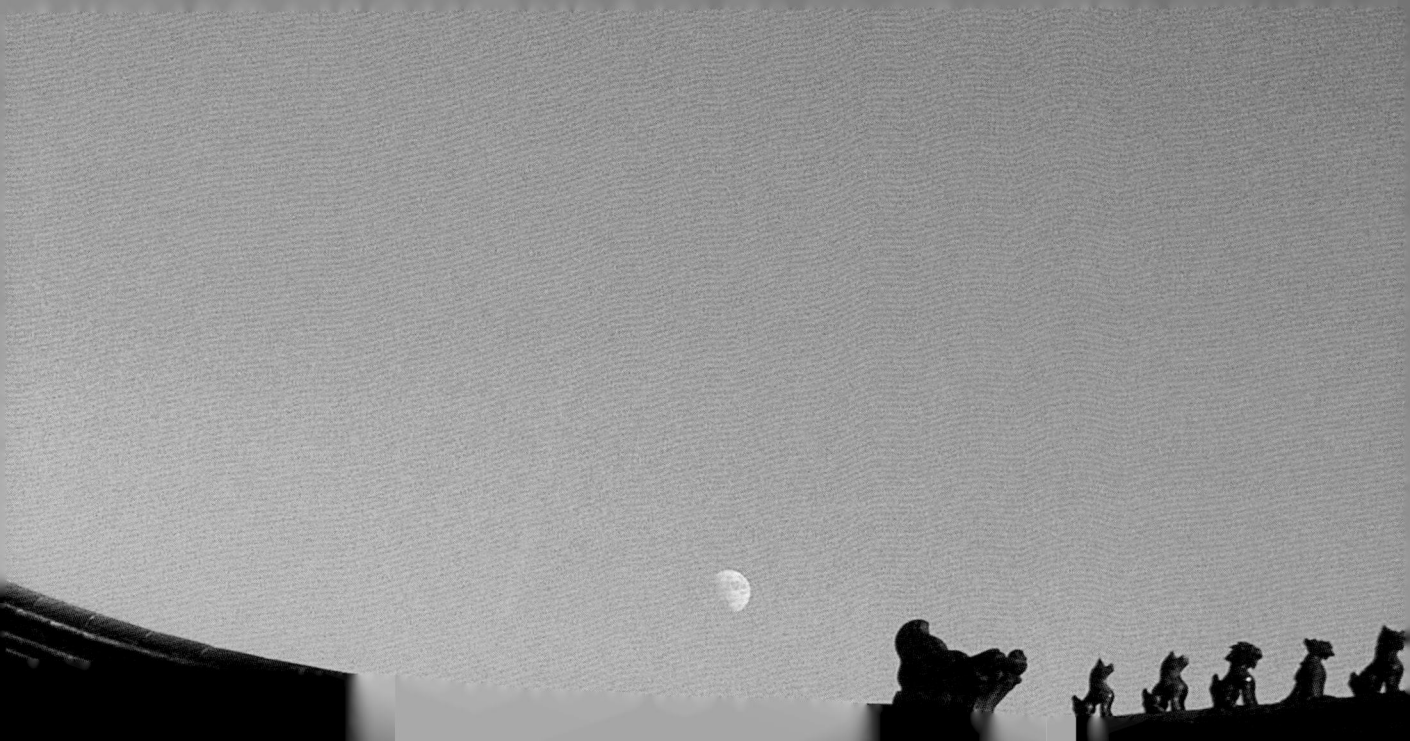

紫禁之光
从黄昏到黎明

第一部分 黄昏

紫禁之光
从黄昏到黎明

第一部分　黄昏

少白说·如何表现故宫的真实性

什么是真实？真实是有标准的。故宫摄影和故宫绘画，两者都属于平面艺术，区别之处在于摄影师使用的工具是照相机而非画笔，照相机是科技产品，它的特点是可以把镜头前的事物记录或者复制下来，具有较强的真实性。但是，这并不意味着用照相机把事物记录或者复制下来的影像就一定真实，因为在不同时间，采用不同镜头、焦距、曝光拍摄出来的故宫影像，和故宫本体进行对比的话，有一定的差异，没有办法做到完全一致。

真实和艺术有着很微妙的关系。真实源于生活，是对生活的反映和再现；而艺术带有主观色彩，蕴含着人的思维活动，是高于生活的。

拍摄故宫有很多种方法，如果是为了研究，为了给没到过故宫的人去欣赏，那么就要尽可能地接近真实，像故宫是什么颜色、宫殿是什么形状，拍摄时就要很熟练地去运用技巧和镜头语言，拍出来的影像要和大家所看到的几乎一样，这需要以真实为第一要素。

另有一种拍摄方式属于艺术创作。很多摄影者到故宫拍摄，更偏重于艺术创作，这时真实就不必放在首要位置了，而艺术审美才是第一位。基于这样的立场，就可以采用多元化的拍摄方法：可以用广角来扩展，可以用长焦来压缩，可以采用不同的曝光，用不同的表现手法来拍摄故宫。这样，故宫只是提供了素材和设计元素，摄影者可以按照自己的主观审美去展现一个全新的故宫，即把真实的故宫进行再改造。这是一种艺术性的表达，用艺术的手法重塑故宫的真实。我主张不是拍"看得见"的故宫,而是拍"想看见"的故宫。"想看见"的故宫依照自己的主观想法来实现,更符合个人的审美观,更艺术化了。

紫禁之光
从黄昏到黎明

第一部分　黄昏

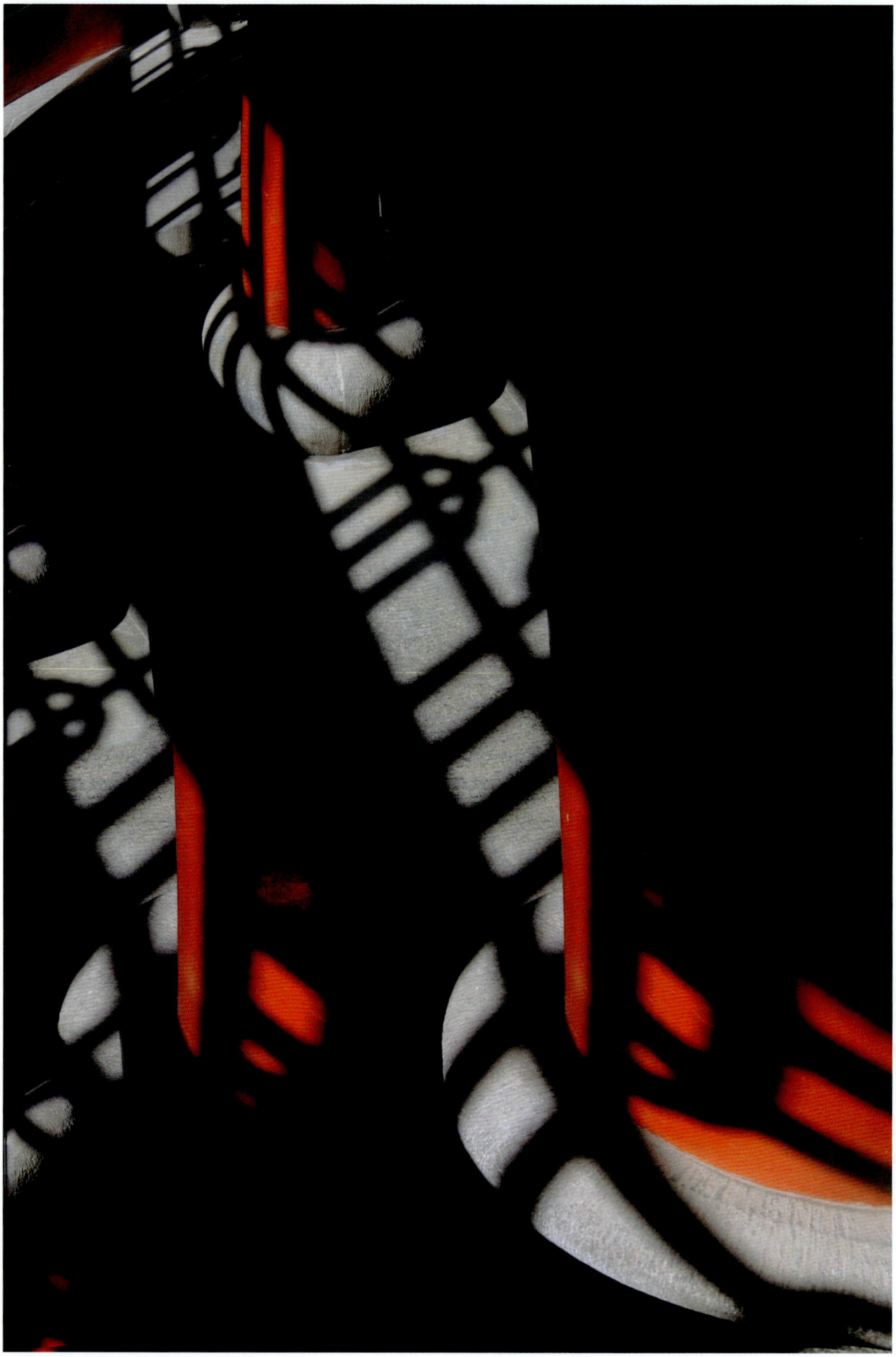

紫禁之光
从黄昏到黎明

第一部分　黄昏

紫禁之光
从黄昏到黎明

第一部分 黄昏

第二部分

日落

紫禁之光
从黄昏到黎明

第二部分　日落

少白说·倩影引我入深宫

1955年，上初中时，我随父母迁居北京，直到1985年，整整三十年间，从未去过故宫。究其原因，是我一度对中国的古典建筑缺乏兴趣，不喜欢阴森的大屋顶，不喜欢坐北朝南的单调，不喜欢四平八稳的刻板……因此，我对众人都热衷参观的故宫一直视而不见，不肯迈入它的宫门。

时光荏苒，转眼到了1985年，一次偶然的机会让我与故宫结下了不解之缘。那一年中国第一部《红楼梦》电视剧开始拍摄，成为当时的新闻热点。我所任职的中国《桥》杂志社嗅觉灵敏，准备做一个专题采访，特派一名摄影记者到《红楼梦》电视剧组拍照，这个美差恰好落到了我的头上。来到剧组仅仅一周的时间，我就与剧组的主要演员都熟悉了，尤其是那些女演员。那段时间，我真有些像大观园内的贾宝玉，周围都是年轻貌美的女孩。摄影记者更受这些女孩子欢迎，因为漂亮女孩都喜欢拍照，而这正是我所擅长的！

有一天，扮演元春的南京姑娘成梅，问我休息日愿意不愿意陪她出去拍些照片，我欣然应允，并问她去哪儿拍照？她说，由于她扮演的角色元春最后嫁入了皇宫，就很想去北京故宫体验，感受一下皇宫的气氛。我很认可她的理由。就这样我终于在北京居住三十年后，首次踏入了故宫的大门。那次，我俩在故宫游览了大半天，拍了许多照片，也引来了游客的围观。一个穿着时髦的美女在公众场合摆Pose拍照，在那时还是件新鲜事。围观者中还有一位外国老先生,起初,他一直跟着我们;后来,经成梅同意,他也成了拍摄者。这样一来,围观者更多了,以致让故宫的工作人员误以为出了什么状况,跑过来询问……这便是我的第一次紫禁城摄影之旅。

时隔不久,扮演林黛玉的演员陈晓旭邀请我给她拍照。我第一时间便建议拍摄地选在故宫。因为通过给成梅拍照,我发现故宫中的雕栏玉砌、铁缸铜狮、红墙金瓦作人物照片的背景非常出彩,而且变化多端,绝不重样!于是,我第二次来到了故宫。这次拍照不仅同上次一样,以宫窗、宫门、柱子、栏杆为背景,而且还刻意寻找故宫中特有的元素符号来搭配陈晓旭的局部特征,其中一张陈晓旭的红指甲与乾清门前铜缸上的金色兽头相映衬的照片,收获了很多赞誉。

在我热衷拍摄美女的日子里,北京故宫成了我首选的场所。一次次地与美女进入深宫,又一次次地把倩影定格深宫。整整三年,我出入故宫总是与美女相伴,因此对故宫并未真正认识,更谈不上爱恋,只因彼时故宫在眼中只是配角。

紫禁之光
从黄昏到黎明

第二部分 日落

少白说·我爱上了故宫

在故宫拍照的头三年,照片的主角始终是美女。当时自己并没觉得这有什么不好,甚至还感到小有成就。我拍摄的以故宫为背景的美女照片有的成了杂志的封面,有的被选进时尚挂历。

然而,随着一步步深入故宫,渐渐发现那些美女身后的背景:雄伟的宫殿,阳光透过云层洒在红墙黄瓦上烘托出的金碧辉煌,也是那般华贵而神秘。蓦然回首,原来真正吸引我的是这座沉淀了无数岁月的紫禁城。它像一位深藏不露的佳人,静静地诉说着过往的辉煌与沧桑。从此以后,我不再专注于捕捉美女倩影,而是用心去感受紫禁城历史的厚重与文化的韵味。故宫,不再只是我镜头中的一个背景,转而成为镜头前的主角,成了我心中真正的恋人。我沉醉在它的怀抱中,仿佛与它在岁月的长河中翩然起舞。

说来奇怪,当镜头前没了美女身影,面对着故宫,我还真看到了过去没有看见的许多东西。罗丹曾言:"不是缺少美,而是缺少发现美的眼睛"。故宫何其美,当初的无视完全源于自己的盲目无知。而它的不平凡、它的大美又是人所共知的,壮丽、雄伟、气象万千、金碧辉煌……然而,顿悟后我却想用自己的镜头去发现隐藏在故宫大美后面的东西,也是他人所没有看到的、没有发现的另一个故宫。我称之为"看不见的故宫"。

面对着紫禁城,我开始自问:如何才能拍摄出一个"看不见的故宫"?问不如干,我的镜头开始在紫禁城里不断地游移着,从俯瞰到仰视,从整体到局部,从不同的视角、不同的光线、不同的气候、不同的季节、不同的时间段里寻找着那个"隐藏"着的故宫。

　　年复一年,我终于明白:原来真正的美,不仅仅在于眼前的容颜,更在于那份能够触动心灵、让人沉醉其中的内涵与韵味。而故宫,就是这样一个集历史、文化、艺术于一体的绝美"佳人"。我与故宫在20世纪80年代初就结了缘,40载情深已难割舍。故宫之美,令我魂牵梦萦,每次去都嫌看不够,都会用镜头记录下更多美的瞬间。我深深地爱上了故宫!

第二部分　日落

少白说·我穿行宫门达数千次之多

进入故宫，首先要穿行宫门，离开故宫，最后还是要穿行宫门。想到故宫中摄影，更要不断地穿行宫门，才能寻找到要拍的景物，甚至有时穿行宫门的目的，就是要找到有特点的宫门去拍摄。四十多年间，我出入故宫早已超过数百次了，穿行宫门的次数恐怕已不止数千次。当一次次穿行宫门，一次次注意这些宫门，又一次次了解这些宫门，不由得感叹，紫禁城里的门不仅数量多得惊人（至少有千座以上），而且形式也丰富得令人眼花缭乱。仅我所见过的就有城堡门、殿宇门、牌坊门、影壁门、垂花门、随墙门、卷洞门、屏门、月洞门、八方门、瓶式门、棋盘版门、八字照壁门、肖形门……当然还有一些门，至今我也没弄清楚是什么门。

故宫中大大小小的难以数清的宫门，有的有名字，有的没有名字，最有名的宫门当属出入故宫必走的那四座门：午门、神武门、东华门、西华门，四座门中，午门为最。午门为紫禁城的正门，它位于皇城的南北中轴线上的正南，位当子午，故称"午门"。午门号称故宫第一门，也是我知道最早的故宫宫门。"推出午门斩首"这句话，在我还没到故宫时就早已听说了。我第一次进故宫拍照就特意选择走午门（当时神武门也可以购票进出）。午门并非大家所想象的一座大门，而是一座气势雄伟、巍峨壮观的城台楼宇。翻阅故宫导游图，才对它有了进一步的认识。

午门高35.6米，平面是凹字，中间辟三门，左右各有一道掖门。门上有五座崇楼，正楼面阔九间，进深五间，重檐庑殿顶，东西四座重檐四角攒尖方形亭楼，各以庑廊连接，形如雁翅。正楼与两侧的崇楼合称"五凤楼"，故午门又称"五凤楼"。午门不仅是故宫最高最大的门，也是最有故事的宫门。午门共有五道门，各有其用途与规矩。中间正门是只允许皇帝出入的门，但也有例外，在皇帝大婚时，皇后乘凤舆由此门入宫。清代始，科举考试金殿传胪时，捧金榜，张黄盖，新科状元、榜眼、探花带着浩荡皇恩由此门而出。因为午门是皇宫的正门，重要的人员都要从这里进出，文武百官出入左侧门，皇亲国戚出入右侧门。左右掖门，平日不开。只有在科举殿试时，按原会试所中的名次，单数走左掖门，双数走右掖门。

　　午门外，虽然是一个由三面高墙围峙的广场，却不是杀人的刑场。"推出午门斩首"纯系传言。午门外从未斩人，明朝是在西市斩人，清朝改在菜市口斩人。不过午门外绝非温柔之地，它的确是体现皇帝的威严、发泄龙颜震怒的场所。明清两朝若对外打了胜仗，就会在午门举行献俘典礼。明朝万历皇帝四次亲御午门城楼接受午门外的献俘礼。清朝乾隆皇帝也四次在午门城楼参加献俘礼。午门对外是献俘之地，对内则是处罚那些惹皇帝生气的臣子之地。处罚的方式则不尽相同。比较轻的处罚是罚跪，因为拥护迁都北京的大臣与要求还都南京的大臣争吵不休，明成祖朱棣将双方罚至午门外跪着辩论。重的处罚则是廷杖了！所谓廷杖就是将触怒皇帝的人拖至午门外，脱下其裤子，用杖打屁股。被廷杖的人轻则皮开肉绽、鲜血横流，重则当场毙命。明代先后遭廷杖的大臣有500多人次，最严重的是正德和嘉靖两朝。正德皇帝朱厚照喜欢离宫出去巡游，不仅放下国事不管，连去哪里都不告诉大臣。为了制止皇帝这种荒唐行径，以舒芬为首的大臣集体劝谏而惹怒了朱厚照，被罚跪在午门之外，一连五天，仍然不服。皇帝下令，在午门外对舒芬等107名官员施以廷杖。杖毙者达11人。被廷杖致死，实比斩首还要残忍！

　　数百年过去了，午门外广场上的铺石已经圆了棱角，亮了光泽，一切似乎是那样的祥和、平常。但当我拍下残阳染红的午门广场时，仍然不免让人想起廷杖后的血腥场面，那些受刑人的痛苦面容似乎还隐现在血红的铺石中间。

　　午门给了我最深的印象，神武门却留下了我最美好的回忆！因为我进入故宫不是学究式地去考察研究故宫，而是用相机对这座宫殿进行审美的注视，并进行诗意的发现！午门和神武门我都曾万分有幸地登顶过，还看到了极少有机会看到的故宫景象。午门上的视野虽然开阔，所见景象却较单调。向南看，只有端门，距离还甚远，往北看，也只有金水桥和太和门。神武门则完全不同。登上神武门，往北看，隔街的景山矗立在面前；往南看，非比寻常，因为三宫六院和御花园就在眼皮底下，"宫殿之海"只有在神武门屋顶才能真正领略到。得到特许，我爬上神武门屋顶，当脚底下的琉璃瓦与内宫的琉璃瓦在镜头里连接在一起时，那情景真让人心头惊艳，太震撼了！我不仅站在屋顶上张望,坐在屋顶上浮想,还曾躺在屋顶上晒太阳。当时我就想起了李商隐的诗句:"此情可待成追忆,只是当时已惘然",有什么能比得上在事情发生时,就已知它会成为一段美好又难忘的回忆呢?明明知道这种美好只能成为回忆,不会再来,也不可能留住,只有惘然!多亏我是一个摄影家,且还是一个相当不错的摄影家,因此还是用镜头留住了那些神武门上独有的可视、可察、可想、可感的画面。

　　宫门,宫门,不仅可以容你穿行,还可以诱你驻足。它的形状、它的色彩,常可以钩住你的目光,它上面的光影更能动摇你的心旌。最让你迈不开脚步的,肯定是它上面的青苔、蛛网、尘土、剥落的漆、生锈的钉,因为这些原本与门无关的异物,如今不仅与门附着在一起了,而且还与梦纠缠在一起了!对门来说,梦可能是以前门里人的托付,对观者来说,梦可能就是破解门里还存留的秘密的引子了!紫禁城的门何其多!是我永远穿行不完的风景,我必然继续穿行下去!

紫禁之光

从黄昏到黎明

第二部分　日落

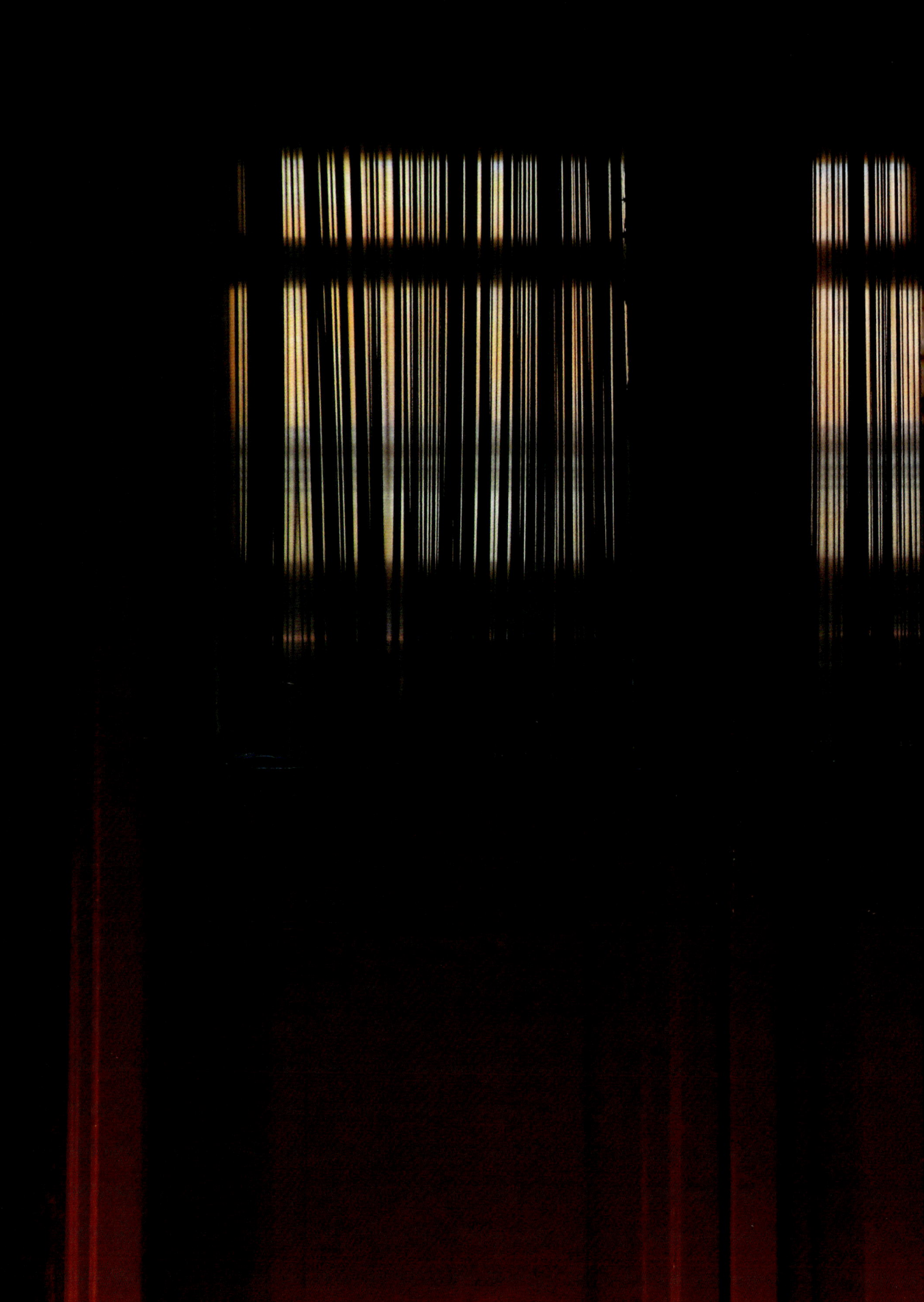

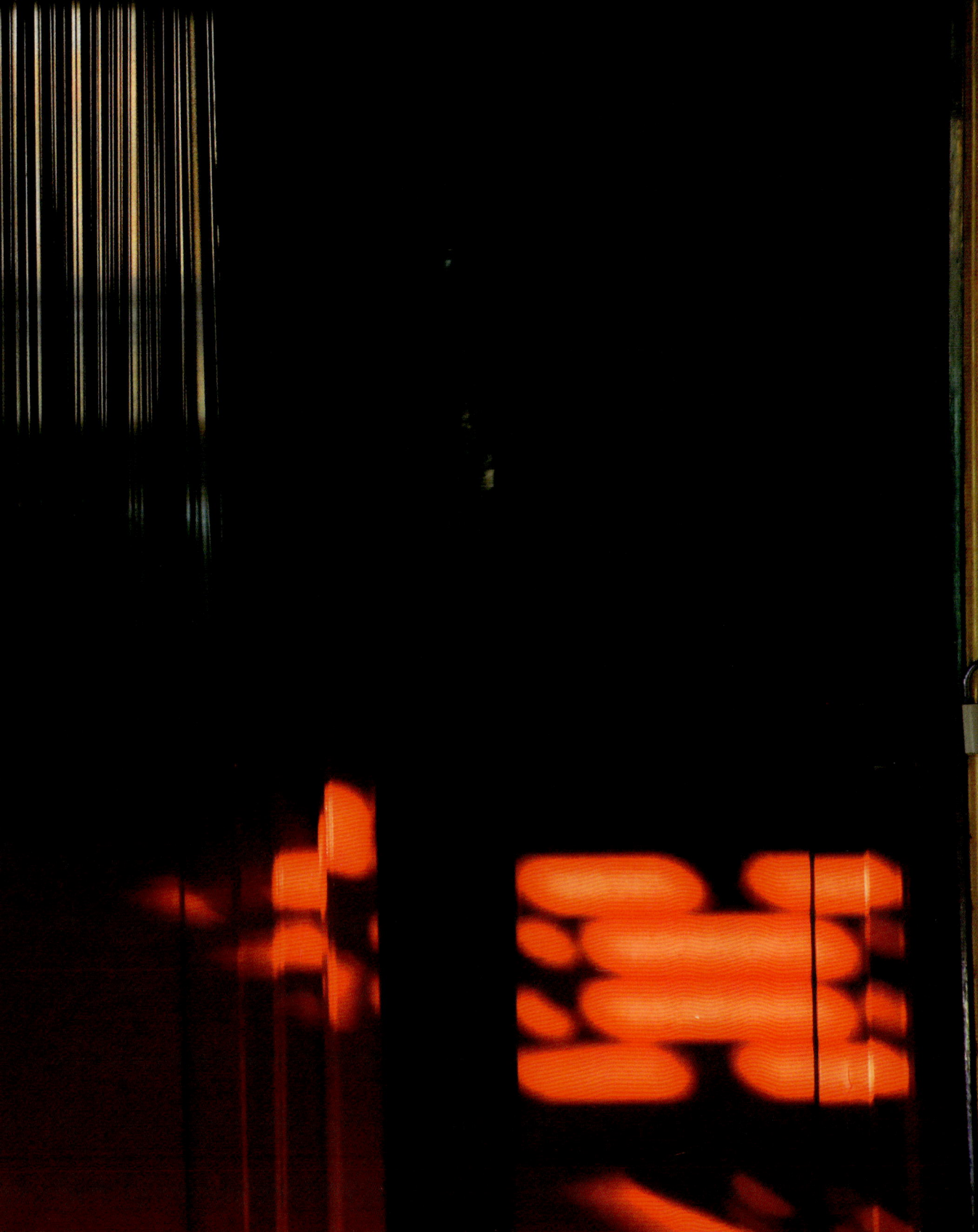

夜晚

第三部分

从黄昏到黎明

第三部分　夜晚

紫禁之光
从黄昏到黎明

第三部分 夜晚

紫禁之光
从黄昏到黎明

第三部分　夜晚

紫禁之光
从黄昏到黎明

第三部分 夜晚

少白说·能有多少人在紫禁城中赏月

在中国古典诗词中，咏月的诗词特别多，其中的名诗、名词、名句也特别多。但这些佳作中，很少有以皇宫为背景的。粗粗数来，描写皇宫月色的名篇也就：王昌龄的"昨夜风开露井桃，未央前殿月轮高"，李煜的"无言独上西楼，月如钩"，纳兰性德的"小楼明月镇长闲"，再加上最有名的李白的"玉阶生白露，夜久侵罗袜，却下水晶帘，玲珑望秋月"。好诗往往出自深切的体会，而皇宫对于一般人（当然也包括诗人）是禁地，更别说在皇宫赏月了，少了些体验，自然就少了些好诗。

我不是诗人，可一直自诩是用相机写诗的人。曾不止一次地梦想，当月华洒满太和殿广场时，当月牙儿挂在三宫六院的屋角时，如果我就在那儿，恰好手中有相机，或许真能创作出紫禁城矗立数百年后，第一首用视觉语言抒写的咏月诗。这种非分之想，不要说旁人，就连我自己也觉得是无法实现的。因为故宫是保护、看管最严的地方，夜间的三大殿和三宫六院别说游人进不去，就连故宫的工作人员也难以在那里停留。因为故宫每天下午5点左右清场完毕后，这些地方的宫门都要一个个贴上封条，不许任何人置身其中。

然而，有时候天上还真会掉馅饼，而且直接掉到我的嘴里，我的痴心妄想还真的如白日做梦一般实现了！事情是这样的，2012年某一天故宫保卫处突然通知我，说中央电视台要拍摄夜晚的太和殿，名单中有我。当时我真的不敢相信自己的耳朵，然而这一切的确是真的！

那晚，我带着相机、三脚架随故宫的保卫人员和中央电视台的工作人员进到空无一人的太和殿广场。一轮明月，而且还是圆月，正悬挂在体仁阁的上空。虽然明月当空，但太和殿广场还是显得暗影重重，因为它太大了、太深了，唯有广场中间太和门通往太和殿那条只许皇帝走的、由青白石铺成的御道反射着月光，显得很亮。为了能将月亮、体仁阁、御道、广场都收入镜头，我从广场中间向西移了三十多米。当我支好三脚架，通过镜头向东望去时，这条闪闪发亮的御道，让我对"月光如水"有了一次真切的感受。在黑黝黝的太和殿广场上什么都看不分明，唯有反射着月光的御道就像一条闪着银光的"河水"从面前静静地流过。

那刻，只要我按下快门，一幅深宫浴月图就会立即诞生。但足足有五六分钟，我呆在那里，没有按快门，我的心思完全被眼前的"河水"带走了，带到千年前的秦淮河畔。"淮水东边旧时月，夜深还过女墙来"的诗句在我的耳畔响起。"旧时月"说得多好，再加上"今月曾经照古人"的感叹和感伤，曾经照耀过刘禹锡的月亮，曾照过李后主的月亮，曾照过康熙皇帝的月亮，还曾照过最后一个皇帝溥仪的月亮，在这个夜晚，在紫禁城的东方，又悄然无声地升起在体仁阁的上空，多情地探望故地，探望我这个喜欢摄影的今人！尽管今人也会成为古人，但是今人在今夜拍下的这张紫禁城东边"旧时月"或许还会存留许久许久。

我按下了快门，长长舒了一口气，不无得意地说了一句："几人能识宫中月！"

紫禁之光
从黄昏到黎明

少白说·我在风花雪月中寻找诗意

对于摄影而言,风花雪月是题材;对于风花雪月来说,诗意是灵魂、生命、宝藏。缺了诗意的风花雪月不过是照片,有了诗意的风花雪月却是连神都会回眸的艺术。因此,当从事摄影中最古老、最神圣的风光摄影时,人们所有的努力都应该落实到在自然中去寻找诗意。谁找到了,谁就可以毫无愧色地说:我摄影了!否则,只不过是又一次对自然进行摹描的照相。

什么是诗意?诗人戴维娜说得好:"诗意是美好的情境与美好的心灵相呼应,共同生出的一段美好。"每个人的天性中都隐藏着许多美好,然而这些美好在通常的情况下,往往连自己都觉察不到。只有当这些美好邂逅于自然中同一美好时,才会因触动而显现、因显现而被感知。而诗意正是这种人心与自然相会、相认、相知的产物。诗意一定是心灵美与自然美共生的。不能和心灵相触的自然美是徒有形式的光影色,未被自然所触醒的心灵美是不闪光的金子。我们拍摄风花雪月,实在是心灵的需要,因为我们内心有太多的美好在沉睡、被桎梏。拍摄是进行寻找,寻找是为了唤醒。有诗意的风光作品,不仅悦目,而且还要动心,也不会是自然原形的翻制,一定要折射出作者的内心景象。当人们阅读有诗意的风光作品时,透过那些源自大自然的光、影、形、色、质,就可以看到人心的秘密。解开秘密是艺术的魅力,是对暗示的凸显,是对隽永的实现。

什么是诗意?其实诗意是说不清的。因为诗意是和美纠缠在一起的,而美又是世界上谈得最久、谈得最多,还总也谈不清的话题。正因为如此,人们才可能把不可捉摸、难以发现、无法表达的内心世界通过摄影作品交还大自然,回归到最初的融合,然后酿造出一片诗意。诗意无须仿肖风景的外形,也不逗留于明确无误的解释,而是在"形象"的后面诱惑你,使你在那里认出自己真实的渴望和爱美的本性。

我们为什么用镜头面对大自然,偏要在风花雪月中去寻找"诗意"呢?大自然是众美之源,赋予我们生命。我们心中所有美好也源自她,因此,大自然可以回应我们许许多多的期许和憧憬。

让我们携带着照相机和手机走近大自然吧!也许你不一定每次都能找到诗意,因为诗意的出现,常常是无法预知的。然而,比创作有诗意的作品更让人感到满足和愉悦的是:用镜头在风花雪月中寻找诗意,这件事本身就极富有诗意!

第三部分　夜晚

紫禁之光
从黄昏到黎明

第三部分 夜晚

第三部分 夜晚

第三部分　夜晚

第三部分　夜晚

少白说·真正的艺术摄影是美的至高境界

摄影有多种功能，比如纪实、报道、医学、刑侦等，这类摄影要求我们真实记录。但艺术摄影则是另一回事，除了记录之外，还包含了一种创作成分。

我认为创作有两种：一种是美术家式的创作，就是无中生有，比如在一块石头上进行雕塑，使之成为一个艺术品；另一种则是摄影家式的创作，既记录客观世界，又对其进行筛选和截取，从而形成一种新的东西。

风光摄影，有的是纯粹记录，但有的就不只记录。前者，把美景拍摄下来；后者，比如亚当斯，他在摄影作品中加入了自己的东西。摄影的创作手段有多种，最为重要的一个是选择，另一个是控制。

摄影艺术的魅力就在于它的无限性，比如镜头、焦距、光圈、快门、反差的控制，控制又有不同的程度，其排列组合趋于无限。亚当斯对"黑、白、灰"的度的控制达到了很高的境界。当然，不完美也是一种美，中国艺术的空灵和对意境的强调也是难能可贵的，这深刻影响了中国的风光摄影。

摄影的魅力还在于它的不可预见性。很多人都渴望最佳光线，其实只有神来之笔才是最妙的，包括失误能产生佳作，盲拍也可以有一些意外收获。若干年前，国际足联讨论使用现代技术防止比赛中的误判问题时，时任国际足联主席阿维兰热就主张足球比赛的魅力就在于其不完美性。我们的风光摄影常常缺乏这种认知。不少摄影家还在极致追求最佳光线、最佳天气等，往往容易陷入一种误区。我觉得应该倡导接受不完美、敢于个性化的拍摄风格。

风光摄影现在应该高举、弘扬"美的大旗",不要贬低美。关于"真、善、美",我以为:真是属于科学范畴的;善是道德伦理范畴的;美是人类的终极追求,是人怎样活着才最好的问题。我认为,某些情景下,美比思想更有力量,艺术比哲学更打动人心。美是人类追求的至高境界。

为了表达充满神性的美,摄影家通过相机完成破译工作,在此过程中,摄影家不是只做减法,有时还要做加法。加什么?加进摄影家的审美观、情趣、情感等。情感是瞬间性的,思想却是充满逻辑性的。我们要通过点、线、面、色彩、光影等把视觉艺术的规律加进去。如果只照别人的东西去做,那是简单模仿,而摄影艺术中的原创性则是十分可贵的。

第四部分 黎明

紫禁之光
从黄昏到黎明

第四部分　黎明

紫禁之光
从黄昏到黎明

第四部分 黎明

少白说·怎么拍出"不一样的故宫"

每个人都在追求拍出"不一样的故宫"。首先,自己的眼光一定要和别人的眼光不一样,能看到别人看不见的东西。其次,有摄影的知识,有摄影的技术技巧,更要有想象力。对照相机的功能和构造,要烂熟于心才行。同样拍摄太和殿,是用广角还是长焦,是在近处拍还是远处拍,是用HDR还是不用HDR,效果都不一样的。要和别人拍的不一样,想象力很重要。没有想象力,再好的景物在眼前也是白搭。

概括来说,要想拍出跟别人不一样的东西,需要注意以下几点:

第一,拍摄视点。要采取与别人不同的视点,自然可以看到和别人不一样的东西。

第二,摄影的技术。我们的相机提供了太多可选择的功能,采用不同光圈、不同曝光,可以拍出完全不一样的景象。

第三,勤奋。好照片不是拍出来的,是走出来的!在众多故宫摄影爱好者中,迄今为止,我敢说走得最多的就是我。在一个拍摄点,我要反复地走位,别人拍到最佳位置就完了,我和别人不一样,不仅要找到最佳点,还要尝试别人认为不好的视点。在不断地移动和观察中,我能看到别人看不见的东西,并触发我的灵感。

第四,充分利用好手中的相机。现在的相机有很多功能,这些功能的组合变化无穷,只有熟练掌握、勤于实践,才能拍出有新鲜感的作品。

第五，不拒绝模仿。一个人要不断学习，敢于模仿、善于模仿，才能够创新。要想拍得和别人不一样，首先就得先学习名家名作，不模仿怎么知道自己哪里跟别人不一样呢？当模仿熟了，才能悟出道理，才能脱颖而出。

紫禁之光
从黄昏到黎明

第四部分 黎明

第四部分　黎明

少白说·故宫墙边的柳树婀娜多姿

　　年轻时，读唐诗宋词，很喜欢那些描写柳树、柳枝、柳絮的句子，如："碧玉妆成一树高，万条垂下绿丝绦。不知细叶谁裁出，二月春风似剪刀。""渭城朝雨浥轻尘，客舍青青柳色新。""杨柳青青江水平，闻郎江上唱歌声。"……然而，我记忆最深的还是陆游的"红酥手，黄藤酒，满城春色宫墙柳"中的"宫墙柳"。虽然陆游的"钗头凤"并不是一首描写柳的词，而且在这首词中，提到"柳"的也只有一个字，但是这个"柳"字前面加了宫墙二字，不仅状景，还抒情。试想一下，在高大深沉的宫墙下，柳树成排，柳枝飘扬，柳絮飞舞，一个多情的女孩子白皙的手中，捧着一杯黄藤酒，对着自己所爱之人，欲诉衷肠又不得，是何等凄美。因而在我反复吟咏这首词时，"宫墙柳"深深地烙在我的脑海里了！

　　在我初读这首词时，我并没有见过"宫墙柳"，更没有见过生长在宫墙旁边的杨柳，就如同我没有见过长着"红酥手"的唐婉一样。唐婉当然是我永远见不到的，但是"宫墙柳"我还真正见到了！那是十几年前的事。我到故宫去拍照，还没有走进故宫，隔着宽宽的御河，就能看到红色的宫墙前静静地挺立着一排绿色的垂柳，煞是好看。于是在进故宫前，我已经隔着御河拍了许多"宫墙柳"的照片。尽管我手中有长焦镜头，可以隔着河拍"宫墙柳"，但毕竟，只能拍柳树的形状、色彩和柳树的环境。要拍清楚"宫墙柳"的细节、质感，还是要走到近处才行。幸好那时的故宫外墙并没有封闭，你几乎可以沿着外墙走一圈。尤其是故宫的北外墙和南外墙旁边，都是柳树，我当然不会放过这些"宫墙柳"。我不仅拍了二月春风似剪刀裁出的黄、绿的细叶，也拍了被下雨淋湿后的翠绿的如伞般的柳冠，还拍过在秋风中乱舞的枝条，在秋光中闪闪发亮的金丝绦。更拍过落尽了叶的柳枝、柳干在冬日的寒风中挣扎，并将挣扎中的影子投向了那无言的古老的宫墙！世事沧桑，说的是经过时间的摧残，人世间的事物会发生很大变化。然而，只不过十多年，北京故宫的宫墙，连同"宫墙柳"，都发生了你始料不及的变化！如今你再想沿故宫外墙走一圈，虽然没有比登天难，但对一般人来说几乎近于痴心妄想。尤其令我痛心的是，故宫朝南的那段外墙，不仅整修一新，而且与宫城依存了百年之久的"宫墙柳"已被连根拔掉，再也不见踪影……真不知道此事的决策者是谁，不是脑残也必定是美盲，竟然在故宫旁种下了松柏！"宫墙柳，宫墙柳"，何罪之有？"宫墙柏，宫墙柏"，何其丑陋！从此故宫的南墙少了抚媚，少了婀娜，少了刚柔，少了与古诗词的姻缘！

提起故宫的"宫墙柳"，我有必然的牢骚，也有意外的惊喜！在随中央电视台故宫摄制组拍故宫时，我多次登上了故宫的外城墙，得到了从上向下看的机会，得到了从另一个角度，肯定是陆游不曾有过的角度，重新打量故宫的"宫墙柳"，重新观赏"宫墙柳"！

"宫墙柳"，真是既平常又非常的一种景观。它既能引动视觉美，又能触动心灵美，当你获得亲近"宫墙柳"的机会时，千万别错过！这只有在中国，只有在北京，只有在中国北京的故宫才能获得的机会——真正体味一番天人合一的美！

紫禁之光
从黄昏到黎明

第四部分 黎明

第四部分 黎明

少白说·风光摄影的魅力和价值

　　中国古代的文人很少称大自然为风景或风光，而曰：山水。中国文人有强烈的山水情结，因此在中国的文学和艺术宝库中，山水诗、山水画占了很大的比重。这种山水情结延续至今，并在当代的摄影中有新的体现。不过现在以山水为题材的摄影很少叫山水摄影，普遍的称谓是：风光摄影。

　　虽然众多的摄影爱好者喜欢风光摄影，但风光摄影长期以来并不被人重视。在全国性的摄影大赛中，风光摄影的获奖率比较低，尤其是风光小品就更少能得到评委们的青睐，至多获得些小奖项而已。前一段时间，更有人发起对中国风光摄影的猛烈批评，甚至挖苦摄影发烧友拍的风光照片为"美丽的垃圾"！之所以会产生对风光摄影的误解与轻视，我想还是源自重视摄影的社会功能，而忽略摄影的审美功能。风光摄影的主要价值取向，恰恰是对大自然的审美发现和表现。

　　改革开放后的中国走向世界，在很多方面，尤其是经济建设方面取得了巨大的进步，然而在有些领域，仍然存在着不足，需得到改善。在中国有许多人缺乏美的修养和教育，甚至这些人很多是有很高学历的。因此，加强美的教育显得尤为重要。风光摄影就是其中一种很好、很有效的实践。由于风光摄影的对象是大自然（也包括依附于大自然的城镇、村落、庙宇、宫殿、长城……），而人们在接近大自然时，非常容易被其所蕴含的无比丰富、无限美妙、无穷奥秘的美所感动，并在感动中体会到人生非常高的精神境界：对美的无限靠近和追求。风光摄影可以促使人们更容易理解生命的珍贵,更容易理解爱护大自然的重要。愿更多的人能理解风光摄影的魅力和价值,使我国的风光摄影技术和水平能得到更好的发展和提高。

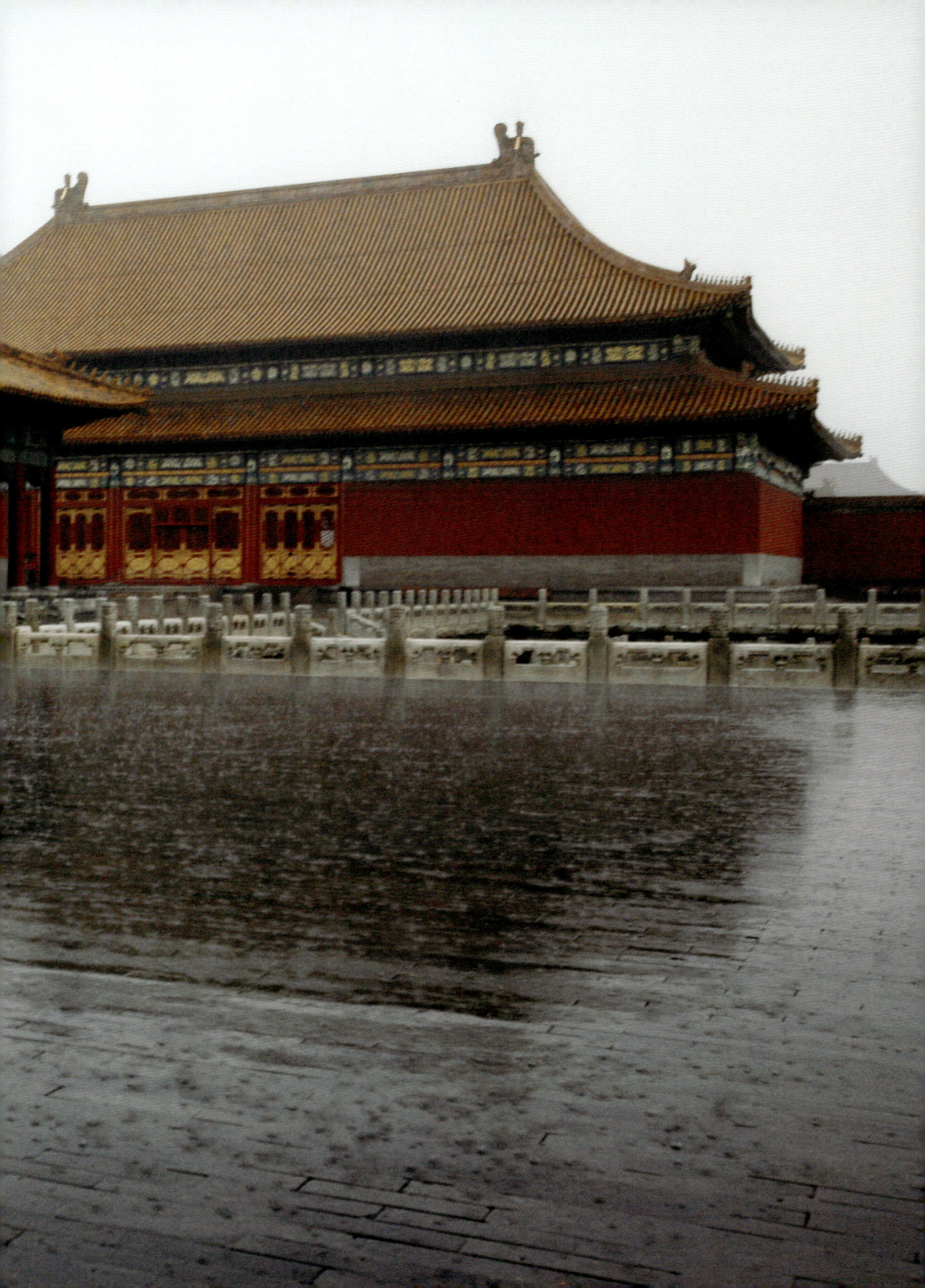

少白说·摄影是对快乐的一种追求

什么是摄影？拿相机拍照就是摄影。为什么拍照，答案非常之多。相机是延伸扩展人类视觉的伟大发明，相机最神奇的功能就是可以最大限度地复制客观世界，记录事物变化的瞬间，即写真。摄影在地理发现、科学研究、军事侦察、新闻报导等方面的运用，充分发挥了相机的上述特性。

随着社会的进步和人民生活水平的提高，数码相机、具有拍照功能的移动设备广为普及，越来越多的人加入了摄影的行列。据说，中国目前有数千万人拥有单反照相机，有十多亿人持有可拍照手机，如此庞大的爱好摄影的人群，他们拿着照相机和手机又在干什么呢？有的拍自然风光，拍花鸟鱼虫；有的拍身边的凡人小事，拍他处的民风民俗；有的拍传统文化，拍即将消逝的景观；有的拍日新月异的城市面貌、炫目的时尚风情；有的拍社会上不尽如人意之处，关注弱势群体。

综观各式各样的拍摄题材，其中占比最大、拍的人最多的，还是风光摄影。有些人对此表示不满，认为这是个大问题，甚至借用西方人之口说："为什么他们不关心国家的现实生活，而只拍夕阳下的山峰？""为什么中国人这么喜欢拍风景照，而不太关注人本身？"更有甚者，刻薄地称这些风景照为"美丽的垃圾"。这一类言论实质是强调纪实摄影，而贬低风光摄影。认为照相机、手机的镜头应该主要对准社会、对准人，要肩负起人类学、社会学、政治学的任务，要以正义感来取代美感，要让心灵震撼之"重"，来取代感官愉悦之"轻"。这类观点高举人本主义的旗帜，而人本主义是强调人高于一切的，是当今时代与先进世界接轨的重要标志。在观点的倡导下，纪实摄影的地位提升到了前所未有的高度。

我以为这种观点失之偏颇。有的人拍照是作为谋生的手段，因此要强调职业性；有的人拍照是要实现人生的价值，或用摄影批判社会，或用摄影表达观点，或用摄影进行艺术创作，提倡的是使命感；还有的人用摄影去寻求一种生活方式，他们并不想用摄影去换取生活所需的物质、金钱，也不想通过摄影去弘扬什么主义，表明什么态度，坚持什么立场。最后一类人可能不是少数，他们拍摄自己感兴趣的各种题材，从这些照片中，体味人生乐趣，甚至获得某种未曾感受到的成就感。

人的一生实际上是由三大块时间组成的：一是睡眠；二是工作；三是休闲。前两块时间带有很大的强制性，如无特殊，你必须为之。一生中谁能不睡觉，谁能不工作！唯有休闲的时间，个人具有较大的主动性，可以在一定程度上自由支配。因此，人们的很多愿望、很多乐趣都是利用这块时间来实现的。人们发现在寻求快乐的所有活动中，层次最高的是艺术。然而，在过去很长一段时间内，艺术的门槛对大多数人来说过高。无论是音乐，还是美术，在享受艺术创作的乐趣之前，必须先学习掌握各种技术与技巧，为此必须付出长时间的努力，而且还必须具备一些先决条件。因此，有很多人或因天赋不够，或因不愿付出辛劳，或因不具备某些条件而被阻挡在艺术的门槛之外。

　　照相机的发明，大大降低了参与艺术活动、进行艺术创作的门槛，于是更多的人选择通过摄影去追求人生更高层次的愉悦，去从事带有艺术性质的审美活动。这些人拿照相机或手机拍照，没有改造世界的奢求，更希望从客观世界中找到更多的美好。因此，他们中大多数人都先后将镜头对准了风花雪月，对准了美丽风景，对准了大自然中的美好瞬间。我们不仅没有理由去责难，而且还应该为此高兴。试想一下，如果大多数国人都喜欢夕阳下的青山，都喜欢温暖光线下的绿水，这岂不有利于进行"珍惜家园，保护环境，热爱祖国"的宣传教育。

　　的确，摄影可以有更多更重要的用途，拍照对于每个人的意义也不尽相同。在一个文明和谐的社会中，非常重要的一点就是尊重并接受别人的选择。单一的、格式化的世界是谈不上和谐的，相反，差异化、多元化、包容性才是和谐的前提。当我们用镜头去进行各种实用的、功利的追求之时，也要允许用它来追求美、追求快乐。比起其他追求，对快乐的追求是高级的，也是更接近人生终极目标的追求。

紫禁之光

从黄昏到黎明

第五部分 日出

紫禁之光
从黄昏到黎明

第五部分　日出

少白说·故宫里的古树"十八槐"

槐树又称国槐,是我国种植广泛的树木,关于它的见闻、故事相当多。民间最有故事的槐树有三株,山东惠民县魏氏庄园大门前有一棵"把门槐",北京的贡院里有一棵"文昌槐",山西的洪洞县有一棵"洪洞大槐树"。如果槐树能种到皇宫中就叫"宫槐"了。唐代诗人王维曾写道:"仄迳荫宫槐,幽阴多绿苔"。可见在唐朝的皇宫中就已经种植槐树了。

说起"宫槐",最著名的当属紫禁城里的"十八槐"了!在武英殿的东侧和弘义阁的西侧以及断虹桥之北有一片开阔地,生长着十八棵古槐。相传这些槐树是元代种的,后来死了一棵又补种了一棵。到底哪棵槐树是补种的,现在似乎谁也说不清。

常言道:"心想事成",在我身上还真有灵验。我在拍摄故宫的过程中,因为经常出入东六宫,逐渐与一些管理宫殿的工作人员熟悉了。其中也有爱好摄影的人,对我格外有兴趣,每次碰上,总要聊上几句,久而久之,增进了相互的了解和感情交流。某一天,我试探着问一位工作人员,能否带我到非开放区拍一些照片,他痛快地应允了,把我带到一处非开放区,就是断虹桥北,紫禁城内称为"十八槐"的地方。记得,当时是四月下旬,正是故宫中"二月兰"盛开的时候。"二月兰"并不是名花,在北京其他地方也常见到它的身影,始终没有引起过我的注意。但是那次在"十八槐"见到"二月兰",就好像在大街上撞见了绝色美女一般,让我眼睛一亮,心头也为之一震！在高大的红墙旁，在巍峨的宫殿下，在一株株粗壮的古槐间，"二月兰"那细小的身躯，挤在一起，连成一片，密如繁星般的紫红色花朵绽放着。连成片的花朵，像千万双明眸，在你眼前左顾右盼，你的心波岂能不荡漾！那一刻，"炫、晕、震、醉"一齐袭来。

少白说·谁人不醉紫禁城中的雪

下雪了，下雪了！喜欢拍摄故宫的北京影友奔走相告、相邀、相约，涌入故宫。一场大雪，对于喜欢故宫的人来说，无疑是一年中最让人心跳加快的一场视觉"盛宴"！

每次下雪，只要我在北京，都会放下手里的一切事情，拿起相机奔向故宫。然而，故宫太大了！到底去哪儿才能拍到最好的雪景，常让我费脑筋。如果雪很大，又下了一阵子了，一般我会直奔景山的最高处——万春亭，从那里可以俯瞰紫禁城的全景。平日，你站在万春亭向下望去，一座座宫殿，一片片金瓦，一道道红墙，尽收眼底。当雪花纷扬飞舞之时，再站在万春亭向下观望，宫殿、瓦顶、宫墙都模糊了、朦胧了。虽然紫禁城因落雪影响观看效果，但风雪反而展现了她更魅人的容颜，渲染了她更高贵的气质。望着模糊不清的故宫，我不由得想起用纱巾蒙面的异域女子那种可望不可即的美。

雪后，如果起了大风，我更会急匆匆地赶往景山，冒着寒风爬上万春亭。在那里可以看到非同寻常的景象：一阵又一阵的寒风，会将宫殿屋顶上、院落间、甬道中的积雪刮起来，紫禁城一片雪雾漫卷，层层宫殿忽隐忽现，气象宏阔森严，又神秘诡异！见到这种景象的机会并不多！而更多的时候，我还是拿着相机在三宫六院之中流连忘返。在那里，每穿过一道宫门，都能看见不一样的雪景，只要你肯走，就会有看不完的庭院、看不完的雪景。

我徘徊在雪中的三宫六院，禁不住浮想当年宫中的皇帝面对白雪会想些什么、干些什么。皇帝也是人,也有七情六欲,当雪花纷纷扬扬落下时,会不会也像我一样兴奋得坐不住,跑到院子里和太监、宫女、后妃甚至孩子一起在雪中玩耍、游戏。那些有艺术细胞的皇帝,可能还会面对着庭院中的玉树琼枝作画吟诗。明清皇帝中写诗最多的是乾隆皇帝,写过不止一首咏雪诗。可出乎我意料的是,这个曾经几下江南的风流皇帝,面对美丽的雪花,写下的诗篇却不是附庸风雅之作,而是关心黎民百姓的文字:"彻夜云同色,侵晨雪舞翻。敢轻言慰矣,惟益冀沾焉。竟至达申后,犹欣值腊前,心田滋渴望,可以命吟篇。"面对大雪,乾隆皇帝想到农田将得到滋润,心中因此充满了丰收的渴望。

　　皇帝中咏雪诗写得好的,并不在明清两朝,而是另有其人。一位是梁简文帝,他是这样写的:"晚霰飞银砾,浮云暗未开,入池消不积,因风随复来。思妇流黄素,温姬玉镜台,看花言可折,定自非春梅。"比简文帝写得还好的是唐太宗李世民,他在《望雪》中这样写道:"冻云宵遍岭,素雪晓凝华。入牖千重碎,迎风一半斜。不妆空散粉,无树独飘花。萦空惭夕照,破彩谢晨霞。"李世民的《望雪》将晨、夕、霞,色、光、彩,风、云、雪组成了一幅丰富又统一的图画,显得大气又别致,尤其是"无树独飘花"一句,不仅比喻新颖,而且还很贴切,胜过了简文帝的"晚霰飞银砾",更有诗意,更具美感。显然,皇宫中还是有树的,那么当雪舞紫禁城时,又将是何种景象呢？岑参曾这样形容过："忽如一夜春风来，千树万树梨花开"，恰恰紫禁城里还真有梨树，而且还生长在藏有顺治皇帝一段风流韵事的承乾宫中。当然不会是千树万树，而只有两株，传说是顺治所爱的江南女子董鄂妃亲手栽的。我不止一次见过两株梨树在春风中盛开着似雪的花朵，但是我没有目睹过，忽如一夜春风来，绽放雪花的梨树。因为以前的冬雪，不是雪不够大，就是承乾宫闭门谢客不开放。

终于在2009年的11月一场大雪降临紫禁城，恰好我在北京，于是我早早来到故宫。刚一开门，就一路小跑奔向了承乾宫。进了院子，果然如岑参所描绘的那样，院中的两株梨树像被一夜春风所催促，满枝都盛开着雪白的"花"，真如四月天的梨花，又胜过了四月天的梨花。因为四月天的梨花旁边只是配了些许刚绿的树叶，而此时满树的雪白般的花朵旁边却搭配着许许多多绿中掺黄、黄中掺红的叶片，更显得明丽、娇妍！"千树万树梨花开"岂止只在承乾宫啊，故宫中的英华殿、武英殿、慈宁花园，更不要说御花园了，到处都是花明栖树的雪景呵！

雪中的故宫，故宫中的雪，最动人之处，还是那红装素裹的妖娆。高低错落的"朱颜"，是那样热烈，轻飞漫舞的白雪，却是那样温婉。当白雪拥抱"中国红"时，白雪尽显温柔，"朱颜"则更加热情了！而人，在雪中的故宫，岂能不醉！寒风不输暖风，照样吹得游人醉，只要他身处雪中的紫禁城。此醉不是失去理智，而是兴奋，是冲动，是激情，是让快门声响个不停！

从黄昏到黎明

紫禁之光
从黄昏到黎明

第五部分 日出

少白说·万岁宫中的野草最有生命力

　　我在紫禁城四十年的摄影岁月中，留下了许多遗憾和追悔，也获得了更多的意外和惊喜，其中不少与草有关系。草没有花娇艳，草没有树高大，但草自有其魅力。草成丛或密或疏，因风吹而摇曳，草成片非绿即黄，因季节而变色。我拍摄故宫中最大的遗憾之一，就是在20世纪80年代没有刻意去拍摄太和殿广场上茂密丛生的野草。那时的太和殿广场还没有整修，还没有遭受今天汹涌如潮的游人的无情践踏，因而那时的太和殿广场，除了中间那条御道，到处覆盖着一片片的野草。有时候，越是在眼前的事物，越不能引起人们的珍惜，总觉得它会永远存在下去，不必着急去拍摄，再等一等，还会有更适合的好气候、更适合的好光线。谁知道，更好的光线还没有等到，整修过的广场上，草却已七零八落了。

　　宫草萋萋已成昔日遥梦了。现在我是多么怀念那时的太和殿广场呵，尤其在春天细雨霏霏的时刻，走在广场上，感受着冯延巳的"细雨湿流光，芳草年年与恨长"，王国维夸冯延巳"能摄春草之魂"。我徜徉在广场的春雨之中、春草之上，仿佛间，春草之魂透射着故宫往昔主人们的魂魄。故人的悔恨、愁恨、离恨，多少恨伴着宫草年年生长，无休无止。太可惜了，当初广场上的这一切没有在镜头中留存下。当我醒悟过来时，能做的便是亡羊补牢。从此，我开始用镜头去关注、去寻找故宫中的野草。

　　日复一日，庭中草、墙上草、瓦楞草、屋脊草、墙脚草、缸中草、水边草、桥头草、丹壁上的草、石缝中的草，陆陆续续落入了我的镜头，并化成了色彩的搭配，辅之以点、线的构成，光影的组合，情感的宣泄，心绪的寄托。故宫的美，故宫的魅力，故宫的勾魂摄魄，少不了那宫殿的巍峨，那庭院的深幽，那甬道的悠长，也少不了那些拔不光、割不尽、踏不死的宫中野草。宫中的野草用生命诠释着"故事"，只因为有了"故"，这座宫殿才能让人联想，才能让人流连，才能让人感叹。缺了这份"故"，宫殿的威严、华美、辉煌将失了一份色彩，少了一份撞击观者心灵的力量。

　　我们要感谢这些或长在明处、或藏在暗角、或举头才能望见、或低眉才能入眼的宫中野草。感谢它们的枯荣，感谢它们的蓬勃生命，感谢它们给故宫带来了诱人的"故"的色彩！愿故宫中的野草能春风吹又生，愿故宫中永远有野草的身影！

紫禁之光
从黄昏到黎明

第五部分　日出

第五部分 日出

少白说·紫禁城内百年守望的脊兽
有序而神秘

在故宫里，如果打算采用剪影的方式进行拍照，脊兽是很好的选择。这些可爱的小家伙们端坐在宫殿的屋脊上，从下向上望，天幕是它们的背景。如果天空无云，这个干净明亮的背景就能将脊兽的形态衬托得清清楚楚。如果天空中有云，云朵衬托着脊兽，脊兽因此而神气活现，仿佛要离开屋顶，仿佛要游走，仿佛要飞升。宫殿上的这些脊兽，成了我每次进入故宫必拍的对象，拍得多了，对它们的兴趣也越来越大。

紫禁城里到底有多少脊兽？为什么每座房屋的屋脊上都有脊兽？脊兽有名字吗？脊兽有等级吗？这些疑问逐渐有了答案。故宫有近万间房屋，每座房屋上都有不止一个脊兽，总数达数万个！脊兽端坐在屋顶，既有实用功能，又兼具装饰价值和象征意义，因为故宫是土木结构，屋脊是由木材上覆盖琉璃瓦构成的，为了保护屋脊连接部分的木栓和铁钉等物件不漏水、不生锈，为了加固屋脊的连接处，人们运用琉璃制成整体构件安放在屋顶的薄弱处。同时，为了给房屋增加美感，这些琉璃构件逐渐形成了各种动物形象，成了现在人们熟知的脊兽。而且更进一步地满足了古人需要神灵帮助灭火消灾的愿望。因此，脊兽的形象多为象征吉祥、威严的鸟兽。于是，龙（象征帝王）、凤（象征祥瑞）、狮子（寓意勇猛威严）、天马（象征尊贵）、海马（象征忠勇）、狻猊（护佑平安）、狎鱼（兴风作雨，灭火防火）、獬豸（象征公正无私，压邪）、斗牛（镇邪、护宅）、行什（防雷辟火）纷纷登房上瓦，按规矩蹲守在皇宫的屋脊上了。

在中国封建皇权的社会中，人分三六九等，什么人住什么样的房，就得遵守什么样的规格。脊兽也一样，有等级规格，主要体现在它的数量上。紫禁城房屋上的脊兽多为3、5、7个，乾清宫与保和殿的脊兽是9个。唯独太和殿上的脊兽是10个，因为这里是皇帝登基，皇后册封的大殿，作为皇权的最高象征，必须十全十美，屋脊上才多出一个行什的小家伙。

2008年，为了迎接北京奥运会的举行，故宫对太和殿进行了百年大修。我由此有机会沿着施工用的脚手架登上了太和殿的屋顶，第一次用平视甚至俯视的角度在很近的距离观察脊兽。除了沿着屋顶垂脊排列的10个脊兽，还见到了在殿顶上正脊两端的脊兽，它是龙头形，张大口衔住脊端。事后得知，太和殿正脊两端的脊兽叫鸱吻（又名正脊吻、吞脊兽）。它比我整个人还要高出一大截儿，据说，由13块琉璃件构成，高3.4米，重43吨。太和殿垂脊上的十个脊兽的排列顺序有些特殊，无翅的海马竟然排在有翅的天马之前。《大清会典》上标明的脊兽排列顺序为：龙、凤、狮子、天马、海马、狻猊、狎鱼、獬豸、斗牛、行什。其中，天马与海马、狻猊与狎鱼之位置可换，若脊兽数目不足10个时，则应按顺序减去排在后面的脊兽。

每座房屋顶的脊兽，不论多少都是列队而坐，它们的前面是骑鸡的仙人，后面则是龙首。即便等级最低的建筑上只有一个脊兽，也是前有仙人后有龙首，仍呈队列状。我曾想，如果能像鸟儿一样飞临紫禁城上空，俯瞰由琉璃瓦组成的一片又一片的黄色屋顶上列队坐着的千万只脊兽，该是多么壮观又生动的景象啊！我当然变不成飞鸟，可是有幸到过紫禁城城墙上，登上过太和门、太和殿、神武门、午门、雨花阁、畅音阁的屋顶，在这些紫禁城的高处，张望和眺望时，也多少领略了宫殿屋顶上由脊兽组成的队列，连绵铺排时的非同寻常的景象。

我有时寻思，在紫禁城建成后的数百年间，曾动用过多少人来守护宫殿，保卫宫殿。可是这些护卫者如今早已不在，唯有这成千上万只脊兽大都安在，仍然亮着警惕的目光，守在各自的位置上。当狂风卷着雪花肆虐屋顶时，它们可曾动摇过？当暴雨挟着雷电击打着屋顶时，它们可曾退缩过？当春风带着花香抚摸屋顶时，它们可曾陶醉过？当浮云掩着星光遮蔽屋顶时，它们可曾贪睡过？都不曾有过啊！这数百年的日日夜夜，千万只脊兽从未离过岗，从未失过职，总是精神抖擞、挺胸昂首，不动不摇，不退不避地列队在宫殿之海中，成为紫禁城最忠心不渝、最持之以恒的保卫者、守护神。

我有时常想，紫禁城建成的数百年间，曾有多少人记录、探究这座伟大的宫殿其间到底发生过什么事件，隐藏了什么秘闻？然而，我敢说，所有智者、学士所记录的，所研究的文字加起来，也不及蹲守在故宫每座屋顶上的千只万只脊兽所看到的、听到的、知道的多！它们却不曾吐露半字，这种沉默是一种守责，也是一种忠诚。

时至今日，我还在用自己的镜头去看望它们，远看、近看、仰看、俯看，正看、侧看、阴天看、晴天看、春天看、冬天看……怎么看，它们都是那样吸引人，那么神秘！我不断地用自己的镜头去和它们接近、亲近，试图从它们的沉默中窥得一星半点的紫禁城里的秘密。

第五部分　日出

紫禁之光
从黄昏到黎明

第五部分 日出

紫禁之光
从黄昏到黎明

第五部分　日出

后记
最美的，都在"看不见"的地方

经过多年，我拍故宫，讲究"看不见"。我认为最美的风景，也都在"看不见"的地方。

我所说的"看不见"，有四个层次：

第一，难得一见。难得的机遇，难得去的地方，然而只要遇到或去了就能拍成。因此，不是艺术的本质，需要外在条件才能实现，如在故宫的城墙上拍落日。

第二，视而不见。难得一见的景物，只要你见到了，并具备一定摄影技巧和器材，不难拍好。而平凡中处处蕴藏着的美，往往许多人都视而不见地错过了，从杂乱中找到秩序，从简单中看到丰富，从复杂中看到单纯，这需要摄影师具备很强的审美眼力。

第三，把看见的东西变成想看见的东西。看见的并不重要，重要的是想看见的，这个想就是艺术思维，而把想变成看见，就是艺术创造。现实转化为艺术，一切就更主观化、更理想化，更接近完美。

第四，用看见的东西来表现看不见的。一幅真正的好照片，不是在于拍摄的物体，而是在于照片背后所要表达的东西，拍摄者通过有形的景物，把无形的情感、心绪、意念传递给读者。

40多年来，我的故宫摄影作品，四个层次都有，更多的是前二者，后二者不易做到。

美人迟暮是最悲哀的事。因此，我认为，成就感来得越晚越好；有天赋的人不在乎年龄。我现在最大的幸福就是有成就感，还有一颗不泯的童心。

附录1
激情燃岁月——李少白的艺术之旅

李少白出生在一个书香门第的家庭，父亲是一位大学教授，母亲则是知书达理的家庭主妇。在这个充满文化底蕴的家庭里，他从小特别喜欢读文学书籍，梦想着长大以后，能成为伟大的作家，像托尔斯泰一样。然而，青春总是充满变数。高中时期，足球如同一股清新的风，吹散了他心中的文学"迷雾"。在绿茵场上，他奔跑、射门，梦想着有朝一日能成为世界足坛的一颗璀璨明星。

然而，命运似乎总爱开玩笑，一场突如其来的风暴，将他从绿茵场卷入了铁窗之内。在他生命中最为艰难的时刻，他的精神世界仍然很丰富。在那段特殊的岁月里，他学会了用心去感受世界，用思想去触碰光明。铁窗下的孤独，成了他灵魂深处最宝贵的磨砺，七年的狱中生活，他没有了笔和纸，却学会了在心中默默构思，用思想的火花照亮黑暗的角落。他思考着人生、艺术、自由与责任，这些深刻的思考为他日后的创作奠定了坚实的基础。

终于，时代的洪流冲破了束缚，李少白重获自由。当他再次踏上这片熟悉的土地，心中却已是一片全新的蓝天。那时他的年龄已近四十岁，但童心依旧未泯，对艺术的热爱从未熄灭。于是他作出了一个惊人的决定——放弃重拾文学之笔，毅然决然地拿起相机，选择了摄影。从那一刻起，他的镜头便成了他与世界对话的"窗口"，每一幅照片都是他对生命的深刻理解和对美的无尽追求。用镜头去捕捉这个世界的美丽与哀愁。

李少白生性浪漫，多愁善感。从开始摄影就将镜头对准了他自以为人世间最优美的题材——青春少女。在不长的时间里，他拍摄了许多知名的和不知名的女性，这些女性具有一个共同特点：年轻貌美。李少白通过自己的镜头，将这些女孩子的美既挥洒得淋漓尽致，又表现得超凡脱俗。他的作品别具一格，很有特色，备受杂志社编辑和挂历出版商的青睐。不知从何时起，"拍摄美女专家"的桂冠就戴到了他的头上……李少白似乎不太喜欢这顶桂冠，于是渐渐疏远了那些人间佳丽，悄悄地闯入了另一个博大、深邃的世界——紫禁城。

当李少白置身于那高墙之下、深宫之内时，镜头后的那双慧眼，对这座世界最伟大的宫殿群展开了悉心观察。无论是那雄伟壮美的建筑结构，还是那鲜明华丽的东方色彩，无论是那扑朔迷离的历史沉淀，还是那深不可测的神秘意蕴，都能激发出他全新的创作热情，于是一幅幅描绘故宫的作品出现了。终于在1992年深秋，李少白给了大家一个意外：在北京民族文化宫举办了《神秘的紫禁城》个人摄影艺术展览。此举引起社会不小的关注。中央电视台、北京电视台都在新闻节目中播发了这一消息。中国国际广播电台、北京广播电台还做了相当详尽的专题报道。这次以故宫为题材的摄影展览取得了很大的成功。影展结束后，《中国日报》《中国青年报》《中国摄影报》《中国摄影家》《中国摄影》等重要报刊均以很大的篇幅介绍了李少白及他的作品。

在摄影的世界里，李少白终于找到了与文学相似的表达方式。他的照片，带来的不仅仅是视觉上的享受，更是心灵的触动。每一幅作品背后，都藏着他对生活的感悟、对美的追求，以及对这个世界的深深爱恋。人们常说，摄影是瞬间的艺术，但在李少白的镜头下，那些瞬间被赋予了永恒的意义。他用镜头捕捉的，不仅仅是景物的表象，更是时间的流转、文化的沉淀和人性的光辉。因此，他被人们亲切地称为"拿着相机的诗人"。

李少白经历了从文学到足球，再到摄影的两次重大转折，每一次都像是命运的玩笑，他却以惊人的毅力和不屈的精神，将每一次挑战都转化为了成长的阶梯。他的生命，就像一部不断按下快门的相机，记录下了时代的变迁，也记录下了个人心灵的成长与蜕变。李少白是一位超凡脱俗的摄影大师，从不为名誉所累，也从未参加过国内与国际的摄影大奖赛，他的自信超过常人。他常说：在摄影这条路上，他已经坚持跑了四十多年，总算跑到了第一名，希望有生之年第二名望不到他的背影。

在李少白的身上，我们看到了一个真正的艺术家对艺术的执着追求，也看到了一个普通人面对生活苦难时的坚韧与乐观。他的经历告诉我们，无论身处何种境遇，只要心中有梦、眼中有光，就能在最平凡的生活中，创造出非凡的意义。

　　岁月如梭，转眼间，李少白已步入耄耋之年。但他的心，依旧年轻如初，对摄影的热爱丝毫未减。他出版的数十本画册书籍，每一本都是他对这个世界深情的告白，是他生命旅程的见证。在他看来，生理年龄不过是一个数字，真正决定一个人状态的，是内心的火焰是否还在燃烧。正如李少白在年少时所坚信的那样，"梦想，是心灵深处不灭的灯塔，照亮前行的路"。在他的镜头下，无论是故宫的晨曦，还是山川的壮丽，都不仅是自然的馈赠，更是对梦想不懈追求的见证。每一幅作品，都是他对生命无限可能的颂歌，提醒我们，无论身处何方，心中的灯塔永远指引着我们前行。

　　"生命的黄昏，不过是另一种形式的黎明。" 让我们跟随着李少白的脚步，在梦与影的交织中，追寻那份属于自己的生命真谛，让梦想照亮前行的路，让坚持成为灵魂的磨砺，让每一次的重生，都成为生命中最绚烂的黎明。

王晓虹

2024 年 12 月 9 日

附录2
出新意于宫墙之中　寄妙理于画面之外

哲理的思考　文化的观照

　　紫禁城——故宫，我国传统文化的宝贵遗产，宫殿建筑的典范，使世人为之永远景仰赞叹。多少有才华的摄影家长期在这里孜孜不倦地工作，拍出了精美绝伦的摄影专集；中外游客每天成千上万以至几十万人次川流不息、摩肩接踵来此观光游览，在他们的心扉中、胶卷上留下了倩影。我们需要精雕细刻地写真记录，也需要如李少白先生在细致入微的审美观照中，融进丰厚的哲学意识、历史意识、文化意识和现代意识，在强烈的抒情意味中透露出深刻文化内涵的作品。故宫，作为明清封建统治的中心，它是血淋淋的罪恶之渊薮；作为历代能工巧匠智慧和劳动的结晶，它体现了一个时代文明的创造，达到至今不可企及的高峰。同时，历史是人类的实践所为，当年那些出入其间，或昂首阔步、或踯躅徘徊、或颐指气使、或低眉顺眼，那些开明的君主、昏庸的皇帝、擅权的太后、失宠的娘娘、谄媚的宦官以及文武百官，粉黛三千，这些活生生的性灵、血肉之躯在宫闱里演出了一幕又一幕悲喜剧。李少白先生多情善感，体察入微，仿佛透过历史的烟云，听到他们的喧嚣、他们的哀怨、他们的忧伤。朝朝暮暮，李少白先生在这扑朔迷离的史实和变幻莫测的景物中探寻、发掘，终于找到了深藏于自己内心的审美意象，用自己的照相机和感光片凝聚了人人心中可能有，然而几乎别人镜中无的充满哲理的抒情画面。他在宫墙系列里，用广角镜头和低摄角度，夸张宫墙的高大深重，那两墙之间的一线蓝天，像锥体、像利刃，刺破黑暗，令人看了心灵为之震颤。几千年来遮挡视界，禁锢生命，封闭、钳制我们整个民族精神的，不就是封建铁屋和宫墙吗。在宫门系列里，金漆彩绘，红得耀眼的宫门显示了它昔日的辉煌，漆皮脱落，伤痕累累的宫门，则散发出残败衰朽的气息；不论大门洞开，还是禁闭森严，都有它特定的寄托和寓意；在饰物系列里，狮子本是古代帝王之家豪华建筑的重要陈设，雄狮滚绣球，雌狮戏小狮，狰狞巍峨，雄姿勃勃地守卫着大门，但作品集里狮子的形象全然不是这样，古老的宫墙边，芳草萋萋，野花竞放，它们一齐环绕着三座废弃的石狮，像是为了抚慰它失势与落魄的孤寂：那青铜狮豸头顶上堆积着厚厚的白雪，它昔日的威严幻化为不堪重负的压抑感；宫殿系列可能是创作的重点所在。这里有春雨潇潇，烟雾迷茫中的庭院；有秋风瑟瑟，静寂无声的廊庑；有皓月当空黑压压巨兽般蹲伏着的宫殿群，也有在玫瑰紫色的夜幕和真正金色的金水河映衬下，充满梦幻色彩的故宫……这些饱含匠心的艺术处理，把历史和现实巧妙地融合在一起，作品在给人以情趣、以愉悦、以美感的同时，引发人们思索，从中得到感悟、得到启迪、得到升华，我深感这是提高摄影艺术品位的关键所在。

创意造境　重在发现

中国传统美学重视意境的营造，王国维先生说："词以境界为最上，有境界则自成高格，自有名句。"又说："有有我之境，有无我之境。……有我之境，以我观物，故物我皆著我之色彩。无我之境，以物观物，故不知何者为我，何者为物。古人为词，写有我之境者多，然未始不能写无我之境，此在豪杰之士能自树立耳。"摄影艺术的创作工具照相机和感光片的物理化学性能，决定了它天生具有"物质现实的复原功能"（克拉考尔），即纪实写真，这种功能给它带来表现特点，为其他艺术所不具有的优点和特长，也给它带来局限，即难于张扬个性，表现自我，因此，与传统艺术相反，摄影艺术写无我之境易，故此类作品多，写有我之境难，故此类作品少。李少白先生的摄影作品善于在客观现实中融入自我，创造鲜明生动的意境，这是很难能可贵的，他能不能说是摄影艺术中的"豪杰之士"呢？自有读者和观众公断。值得注意的是李少白先生的照相机，远不似诗人可以"情动而辞发"（刘勰），也不像画家可以"随类"而"敷彩"（谢赫），居然同样能潇洒自如地把自我贯注于作品中，创造情趣盎然、意境深邃的画面。个中奥秘在哪里？还是让我们从作品和作者两方面来探求答案。人们在紫禁城里流连忘返，往往仰视宫殿的庄严富丽，而忽略身边的勾阑石桥。李少白先生很善于发现它的独特艺术魅力：当宫殿和广场还沉浸在夜幕的阴影中，朝阳冉冉升起，仿佛摄影家精心布置的"伦勃朗"光，集中地深情地照亮了内金水河上玉带般蜿蜒伸展的汉白玉石桥和勾阑，它皎洁高雅、婀娜多姿。即使观照宫殿，作者也是目光四射，上下搜寻，发掘主观审美的感应点。我们要提到那幅把重叠的宫闱庭院压缩在地平线一隅的作品，黄澄澄的琉璃和鎏金饰件在阳光下本该灿烂的，却也经过压缩，色调反而显得暗淡，作者以大块面着力描绘的如狂飙飞动、浪涛汹涌、风云际会、舒展自如的蓝天白云，好大的气派！好阔的胸襟！入乎其内，还要出乎其外，方能充分展示摄影家的审美发现。岁月流逝，风餐雨蚀，几百年的老城墙砖缝里竟然长出丛丛的柏树，作者用大面积表现城墙，只在上方画龙点睛，露出彩绘一新的角楼，二者相映成趣，历史与现实两种心态的契合，营造了深远的意境。何以能如此，作者在一次与《中国摄影》杂志记者徐艳娟的谈话中道出了他的秘密。他说："每一次去故宫，都会有一种特殊的感动，内心全部寂然。我穿行在楼台亭阁中，在不同的角度，不同的光影效果，不同的心境下，我看到不同的故宫，这时那已矗立百年的建筑和我心声相和，在我的感受中显出新的排列、新的组合。当我按下快门的瞬间，我拍的已是我眼中的故宫，是反射着自己，人化着自己的故宫。"是的，"人把世界人化"（尼采），进入创作境界的摄影家把自己的审美对象人化，"以我观物"，那没有生命的历史文物，存在了几百年的故宫，藉由摄影家的感受、领悟、激情和理性的照射，便焕发出了生命的动人光彩。

历史和现实、自然和社会都是深不可测的神秘之域，唯其如此，才驱动着有志之士去寻幽探胜，去发现创造。愿我们的摄影家用自己神奇的笔——照相机去揭示更多宇宙和人生的无尽奥秘。

中央民族学院教授、摄影评论家

龙熹祖

（摘自画册《神秘的紫禁城》，紫禁城出版社，1993年）

附录 3
故宫博物院 3 位院长对李少白拍摄故宫的评价

1. 单士元副院长写道:"李少白先生所摄紫禁城建筑,则美丑俱见。有建筑之壮美丽,金壁煌煌;亦有残旧闲宫别院,凄凉景象,杂采其中;或在季节不同,欣赏到的多种景观。其秘密所在,是取人所不注意之景,或见而不识其密,以跷奇取胜,是独特风格之摄影艺术。"(摘自画册《神秘的紫禁城》,紫禁城出版社,1993 年)。

2.吕济民院长写道:"李少白先生对紫禁城心痴神迷,多年如一日,一而再,再而三地徜徉深宫之内,高墙之下,用相机的镜头去寻找、去揭示那些奥秘珍闻,从整体到局部,从俯瞰到仰视,从不同的角落,不同的季节,揭示了紫禁城内神秘的诗,神秘的梦。"(摘自画册《神秘的紫禁城》,紫禁城出版社,1993年)。

3.郑欣淼院长写道:"李少白选择故宫作为一生的创作对象可谓慧心独具,他潜心拍摄近四十年,用精湛的影像,表达出摄影艺术家对故宫的理解和诠释。他通过丰富的镜头语言,将故宫红漆剥落的宫门,锈迹斑斑的锁头,岁月累痕的铜缸,峻冷威武的石狮,高墙夹峙的甬道,长满苔藓的台阶等等,一一展示在人们面前。李少白的摄影作品感动了很多人,显示出不凡的艺术成就。他用独特的摄影视角和灵动的摄影光影语言,展示出气势磅礴的故宫建筑之美,他用他自己的理解,用心灵的感悟,表达出故宫充满诗意的影像的宏大境界。"(摘自画册《故宫新影:被镜头定格的历史风华》,中国财政经济出版社,2024年)